大方廣佛華嚴經 寫經

10

🌸 일러두기

1. 『사경본 한글역 대방광불화엄경』은 『독송본 한문·한글역 대방광불화엄경』에 수록된 한글역을 사경하는 데 편의를 도모하기 위해 편집을 달리하여 간행한 것이다.

2. 『독송본 한문·한글역 대방광불화엄경』은 실차난타가 한역(695~699)한 80권 『대방광불화엄경』의 한문 원문과 한글역을 함께 수록한 것이다. 한문 저본은 고종 2년(1865) 월정사에서 인경한 고려대장경 『대방광불화엄경』이다.

3. 한글 번역은 동국역경원에서 발간한 한글 『대방광불화엄경』(운허)을 중심으로 하고 『신화엄경합론』(탄허)과 『대방광불화엄경 강설』(여천무비) 그리고 최근의 여타 번역본 등을 참조하였다.

4. 한글 번역은 독송과 사경을 위하여 정확성과 아울러 가독성을 고려하였다. 극존칭은 부처님과 불경계에 대해서만 사용하였다.

5. 사경본의 차례는 일러두기 → 한글역 본문 → 화엄경 목차 → 간행사이며 80권 『대방광불화엄경』의 권별 목차 순으로 독송본과 함께 간행한다. (법공양판에는 간행사 다음에 간행불사 동참자를 밝혀두었다.)

사경본 한글역
대방광불화엄경 제10권

5. 화장세계품 [3]

수미해주

대방광불화엄경 제10권 변상도

_____ 은(는) 『대방광불화엄경』을
사경하는 인연공덕으로
『화엄경』이 널리 유통되고
우리 모두 다함께 보리 이루기를 발원하옵니다.

대방광불화엄경
제10권

5. 화장세계품 [3]

그때에 보현보살이 또 대중들에게 말씀하였다.

"모든 불자들이여, 저 이구염장 향수해 동쪽에 다음 향수해가 있으니 이름이 변화미묘신이고, 이 바다 가운데 세계종이 있으니 이름이 선포차별방이다.

다음 향수해가 있으니 이름이 금강안당이고, 세계종은 이름이 장엄법계교이다.

다음 향수해가 있으니 이름이 종종연화묘장엄이고, 세계종은 이름이 항출시방변화이다.

다음 향수해가 있으니 이름이 무간보왕륜이고, 세계종은 이름이 보련화경밀운이다.

다음 향수해가 있으니 이름이 묘향

염보장엄이고, 세계종은 이름이 비로자나변화행이다.

　다음 향수해가 있으니 이름이 보말염부당이고, 세계종은 이름이 제불호념경계이다.

　다음 향수해가 있으니 이름이 일체색치연광이고, 세계종은 이름이 최승광변조이다.

　다음 향수해가 있으니 이름이 일체장엄구경계이고, 세계종은 이름이 보염등이다.

이와 같이 말할 수 없는 부처님 세계 미진수의 향수해가 있는데, 그 윤위산에 가장 가까운 향수해는 이름이 파려지이고, 세계종은 이름이 상방광명이며, 세계해의 청정한 겁의 음성으로 체성이 되었다.

이 가운데 가장 아래쪽에 세계가 있으니 이름이 가애락정광당이다. 부처님 세계 미진수의 세계가 둘러싸서 순일하게 청정하며, 부처님 명호는 최승삼매정진혜이시다.

이 위에 열 부처님 세계 미진수의

세계를 지나서 금강당세계와 가지런히 세계가 있으니 이름이 향장엄당이다. 열 부처님 세계 미진수의 세계가 둘러싸서 순일하게 청정하며, 부처님 명호는 무장애법계등이시다.

이 위에 세 부처님 세계 미진수의 세계를 지나서 사바세계와 가지런히 세계가 있으니 이름이 방광명장이고, 부처님 명호는 변법계무장애혜명이시다.

이 위에 일곱 부처님 세계 미진수의 세계를 지나서 이 세계종의 가장 위쪽에 이르러 세계가 있으니 이름이 최승신향이고, 스무 부처님 세계 미진수의 세계가 둘러싸서 순일하게 청정하며, 부처님 명호는 각분화이시다.

모든 불자들이여, 저 무진광명륜 향수해 밖에 다음 향수해가 있으니 이름이 구족묘광이고, 세계종은 이름이 변무구이다.

다음 향수해가 있으니 이름이 광요

개이고, 세계종은 이름이 무변보장엄이다.

다음 향수해가 있으니 이름이 묘보장엄이고, 세계종은 이름이 향마니궤도형이다.

다음 향수해가 있으니 이름이 출불음성이고, 세계종은 이름이 선건립장엄이다.

다음 향수해가 있으니 이름이 향당수미장이고, 세계종은 이름이 광명변만이다.

다음 향수해가 있으니 이름이 전단

묘광명이고, 세계종은 이름이 화염륜이다.

다음 향수해가 있으니 이름이 풍력지이고, 세계종은 이름이 보염운당이다.

다음 향수해가 있으니 이름이 제석신장엄이고, 세계종은 이름이 진주장이다.

다음 향수해가 있으니 이름이 평탄엄정이고, 세계종은 이름이 비유리말종종장엄이다.

이와 같이 말할 수 없는 부처님 세계 미진수의 향수해가 있는데, 그 윤위산에 가장 가까운 향수해는 이름이 묘수화이고, 세계종은 이름이 출생제방광대찰이며, 일체 부처님의 마군을 꺾어 절복시키는 음성으로 체성이 되었다.

이 가운데 가장 아래쪽에 세계가 있으니 이름이 염거당이고, 부처님 명호는 세간공덕해이시다.

이 위에 열 부처님 세계 미진수의 세계를 지나서 금강당세계와 가지런히 세계가 있으니 이름이 출생보이고, 부처님 명호는 사자력보운이시다.

이 위에 사바세계와 가지런히 세계가 있으니 이름이 의복당이고, 부처님 명호는 일체지해왕이시다.

이 세계종의 가장 위쪽에 세계가 있으니 이름이 보영락사자광명이고, 부처님 명호는 선변화연화당이시다.

모든 불자들이여, 저 금강염광명 향수해 밖에 다음 향수해가 있으니

이름이 일체장엄구영식당이고, 세계
종은 이름이 청정행장엄이다.

　다음 향수해가 있으니 이름이 일
체보화광요해이고, 세계종은 이름이
공덕상장엄이다.

　다음 향수해가 있으니 이름이 연화
개부이고, 세계종은 이름이 보살마
니관장엄이다.

　다음 향수해가 있으니 이름이 묘보
의복이고, 세계종은 이름이 정주륜
이다.

　다음 향수해가 있으니 이름이 가애

화변조이고, 세계종은 이름이 백광운조요이다.

다음 향수해가 있으니 이름이 변허공대광명이고, 세계종은 이름이 보광보조이다.

다음 향수해가 있으니 이름이 묘화장엄당이고, 세계종은 이름이 금월안영락이다.

다음 향수해가 있으니 이름이 진주향해장이고, 세계종은 이름이 불광명이다.

다음 향수해가 있으니 이름이 보륜

광명이고, 세계종은 이름이 선화현 불경계광명이다.

 이와 같이 말할 수 없는 부처님 세계 미진수의 향수해가 있는데, 그 윤위산에 가장 가까운 향수해는 이름이 무변륜장엄저이고, 세계종은 이름이 무량방차별이며, 일체 국토의 갖가지 말하는 음성으로 체성이 되었다.

 이 가운데서 가장 아래쪽에 세계가 있으니 이름이 금강화개이고, 부처님 명호는 무진상광명보문음이시다.

이 위에 열 부처님 세계 미진수의 세계를 지나서 세계가 있으니 금강당세계와 가지런하며 이름이 출생보의당이고, 부처님 명호는 복덕운대위세이시다.

이 위에 사바세계와 가지런히 세계가 있으니 이름이 중보구묘장엄이고, 부처님 명호는 승혜해이시다.

이 세계종의 가장 위쪽에 세계가 있으니 이름이 일광명의복당이고, 부처님 명호는 지일연화운이시다.

모든 불자들이여, 저 제청보장엄 향수해 밖에 다음 향수해가 있으니 이름이 아수라궁전이고, 세계종은 이름이 향수광소지이다.

다음 향수해가 있으니 이름이 보사자장엄이고, 세계종은 이름이 변시시방일체보이다.

다음 향수해가 있으니 이름이 궁전색광명운이고, 세계종은 이름이 보륜묘장엄이다.

다음 향수해가 있으니 이름이 출대연화이고, 세계종은 이름이 묘장엄변조법계이다.

　다음 향수해가 있으니 이름이 등염묘안이고, 세계종은 이름이 변관찰시방변화이다.

　다음 향수해가 있으니 이름이 부사의장엄륜이고, 세계종은 이름이 시방광명보명칭이다.

　다음 향수해가 있으니 이름이 보적장엄이고, 세계종은 이름이 등광조요이다.

　다음 향수해가 있으니 이름이 청정보광명이고, 세계종은 이름이 수미

무능위애풍이다.
 다음 향수해가 있으니 이름이 보의난순이고, 세계종은 이름이 여래신광명이다.

 이와 같이 말할 수 없는 부처님 세계 미진수의 향수해가 있는데, 그 윤위산에 가장 가까운 향수해는 이름이 수장엄당이고, 세계종은 이름이 안주제망이며, 일체 보살 지혜의 지위 음성으로 체성이 되었다.
 이 가운데 가장 아래쪽에 세계가

있으니 이름은 묘금색이고, 부처님 명호는 향염승위광이시다.

이 위에 열 부처님 세계 미진수의 세계를 지나서 금강당세계와 가지런히 세계가 있으니 이름이 마니수화이고, 부처님 명호는 무애보현이시다.

이 위에 사바세계와 가지런히 세계가 있으니 이름이 비유리묘장엄이고, 부처님 명호는 법자재견고혜이시다.

이 세계종의 가장 위쪽에 세계가 있으니 이름이 법음묘장엄이고, 부처님 명호는 연화개부광명왕이시다.

모든 불자들이여, 저 금강륜장엄 저 향수해 밖에 또 향수해가 있으니 이름이 화현연화처이고, 세계종은 이름이 국토평정이다.

다음 향수해가 있으니 이름이 마니광이고, 세계종은 이름이 변법계무미혹이다.

다음 향수해가 있으니 이름이 중묘향일마니이고, 세계종은 이름이 보현시방이다.

다음 향수해가 있으니 이름이 항납보류이고, 세계종은 이름이 보행불언음이다.

다음 향수해가 있으니 이름이 무변십묘음이고, 세계종은 이름이 무변방차별이다.

다음 향수해가 있으니 이름이 견실적취이고, 세계종은 이름이 무량처차별이다.

다음 향수해가 있으니 이름이 청정범음이고, 세계종은 이름이 보청정장엄이다.

다음 향수해가 있으니 이름이 전단난순음성장이고, 세계종은 이름이 형출당이다.

다음 향수해가 있으니 이름이 묘향보왕광장엄이고, 세계종은 이름이 보현광명력이다.

모든 불자들이여, 저 연화인다라망 향수해 밖에 다음 향수해가 있으니 이름이 은련화묘장엄이고, 세계종은 이름이 보변행이다.

　다음 향수해가 있으니 이름이 비유리주밀염운이고, 세계종은 이름이 보출시방음이다.

　다음 향수해가 있으니 이름이 시방광염취이고, 세계종은 이름이 항출변화분포시방이다.

　다음 향수해가 있으니 이름이 출현진금마니당이고, 세계종은 이름이 금강당상이다.

　다음 향수해가 있으니 이름이 평등대장엄이고, 세계종은 이름이 법계

용맹선이다.

다음 향수해가 있으니 이름이 보화총무진광이고, 세계종은 이름이 무변정광명이다.

다음 향수해가 있으니 이름이 묘음당이고, 세계종은 이름이 연설미밀처이다.

다음 향수해가 있으니 이름이 광영변조이고, 세계종은 이름이 보장엄이다.

다음 향수해가 있으니 이름이 적음이고, 세계종은 이름이 현전수포이다.

이와 같이 말할 수 없는 부처님 세계 미진수의 향수해가 있는데, 그 윤위산에 가장 가까운 향수해는 이름이 밀염운당이고, 세계종은 이름이 일체광장엄이다. 일체 여래의 도량에 모인 대중의 음성으로 체성이 되었다.

여기에서 가장 아래쪽에 세계종이 있으니 이름이 정안장엄이고, 부처님 명호는 금강월변조시방이시다.

이 위에 열 부처님 세계 미진수의 세계를 지나서 금강당세계와 가지런히 세계가 있으니 이름이 연화덕이고, 부처님 명호는 대정진선각혜이시다.

이 위에 사바세계와 가지런히 세계가 있으니 이름이 금강밀장엄이고, 부처님 명호는 사라왕당이시다.

이 위에 일곱 부처님 세계 미진수의 세계를 지나서 세계가 있으니 이름이 정해장엄이고, 부처님 명호는 위덕절륜무능제복이시다.

모든 불자들이여, 저 적집보향장 향수해 밖에 다음 향수해가 있으니 이름이 일체보광명변조이고, 세계종은 이름이 무구칭장엄이다.

다음 향수해가 있으니 이름이 중보화개부이고, 세계종은 이름이 허공상이다.

다음 향수해가 있으니 이름이 길상악변조이고, 세계종은 이름이 무애광보장엄이다.

다음 향수해가 있으니 이름이 전단수화이고, 세계종은 이름이 보현시방선이다.

　다음 향수해가 있으니 이름이 출생묘색보이고, 세계종은 이름이 승당주변행이다.

　다음 향수해가 있으니 이름이 보생금강화이고, 세계종은 이름이 현부사의장엄이다.

　다음 향수해가 있으니 이름이 심왕마니륜엄식이고, 세계종은 이름이 시현무애불광명이다.

　다음 향수해가 있으니 이름이 적집보영락이고, 세계종은 이름이 정제의이다.
 다음 향수해가 있으니 이름이 진주류보장엄이고, 세계종은 이름이 제불원소류이다.

 이와 같이 말할 수 없는 부처님 세계 미진수의 향수해가 있는데, 그 윤위산에 가장 가까운 향수해는 이름이 염부단보장륜이고, 세계종은 이름이 보음당이며, 일체 지혜 문에 들어가는 음성으로 체성이 되었다.
 이 가운데 가장 아래쪽에 세계가

있으니 이름이 화예염이고, 부처님 명호는 정진시이시다.

이 위에 열 부처님 세계 미진수의 세계를 지나서 금강당세계와 가지런히 세계가 있으니 이름이 연화광명당이고, 부처님 명호는 일체공덕최승심왕이시다.

이 위에 세 부처님 세계 미진수의 세계를 지나서 사바세계와 가지런히 세계가 있으니 이름이 십력장엄이고, 부처님 명호는 선출현무량공덕왕이시다.

이 세계종의 가장 위쪽에 세계가 있으니 이름이 마니향산당이고, 부처님 명호는 광대선안정제의이시다.

모든 불자들이여, 저 보장엄 향수해 밖에 다음 향수해가 있으니 이름이 지수미광명장이고, 세계종은 이름이 출생광대운이다.

다음 향수해가 있으니 이름이 종종장엄대위력경계이고, 세계종은 이름이 무애정장엄이다.

다음 향수해가 있으니 이름이 밀포보련화이고, 세계종은 이름이 최승등장엄이다.

다음 향수해가 있으니 이름이 의지일체보장엄이고, 세계종은 이름이 일광명망장이다.

다음 향수해가 있으니 이름이 중다엄정이고, 세계종은 이름이 보화의 처이다.

다음 향수해가 있으니 이름이 극총혜행이고, 세계종은 이름이 최승형장엄이다.

다음 향수해가 있으니 이름이 지묘마니봉이고, 세계종은 이름이 보정허공장이다.

다음 향수해가 있으니 이름이 대광변조이고, 세계종은 이름이 제청거광명이다.

다음 향수해가 있으니 이름이 가애마니주충만변조이고, 세계종은 이름이 보후성이다.

이와 같이 말할 수 없는 부처님 세계 미진수의 향수해가 있는데, 그 윤위산에 가장 가까운 향수해는 이름이 출제청보이고, 세계종은 이름이 주변무차별이며, 일체 보살의 우렁찬 소리로 체성이 되었다.

이 가운데 가장 아래쪽에 세계가 있으니 이름이 묘승장이고, 부처님 명호는 최승공덕혜이시다.

이 위에 열 부처님 세계 미진수의 세계를 지나서 금강당세계와 가지런히 세계가 있으니 이름이 장엄상이고, 부처님 명호는 초승대광명이시다.

이 위에 사바세계와 가지런히 세계가 있으니 이름이 유리륜보장엄이고, 부처님 명호는 수미등이시다.

이 세계종의 가장 위쪽에 세계가 있으니 이름이 화당해이고, 부처님 명호는 무진변화묘혜운이시다.

모든 불자들이여, 저 금강보취 향수해 밖에 다음 향수해가 있으니 이름이 승식보비예이고, 세계종은 이름이 수출보당이다.

다음 향수해가 있으니 이름이 보당장엄이고, 세계종은 이름이 현일체광명이다.

다음 향수해가 있으니 이름이 묘보운이고, 세계종은 이름이 일체보장엄광명변조이다.

다음 향수해가 있으니 이름이 보수화장엄이고, 세계종은 이름이 묘화간식이다.

다음 향수해가 있으니 이름이 묘보의장엄이고, 세계종은 이름이 광명해이다.

다음 향수해가 있으니 이름이 보수봉이고, 세계종은 이름이 보염운이다.

다음 향수해가 있으니 이름이 시현광명이고, 세계종은 이름이 입금강무소애이다.

다음 향수해가 있으니 이름이 연화보장엄이고, 세계종은 이름이 무변안해연이다.

다음 향수해가 있으니 이름이 묘보장엄이고, 세계종은 이름이 보시현국토장이다.

이와 같이 말할 수 없는 부처님 세계 미진수의 향수해가 있는데, 그 윤위산에 가장 가까운 향수해는 이름이 불가괴해이고, 세계종은 이름이 묘륜간착연화장이며, 일체 부처님 힘에서 나오는 소리로 체성이 되었다.

이 가운데 가장 아래쪽에 세계가 있으니 이름이 최묘향이고, 부처님 명호는 변화무량진수광이시다.

이 위에 열 부처님 세계 미진수의 세계를 지나서 금강당세계와 가지런히 세계가 있으니 이름이 부사의차

별장엄문이고, 부처님 명호는 무량지이시다.

이 위에 사바세계와 가지런히 세계가 있으니 이름이 시방광명묘화장이고, 부처님 명호는 사자안광염운이시다.

이 가장 위쪽에 세계가 있으니 이름이 해음성이고, 부처님 명호는 수천광염문이시다.

모든 불자들이여, 저 천성보첩 향

수해 밖에 다음 향수해가 있으니 이름이 염륜혁혁광이고, 세계종은 이름이 불가설종종장엄이다.

다음 향수해가 있으니 이름이 보진로이고, 세계종은 이름이 보입무량선이다.

다음 향수해가 있으니 이름이 구일체장엄이고, 세계종은 이름이 보광변조이다.

다음 향수해가 있으니 이름이 포중보망이고, 세계종은 이름이 안포심밀이다.

다음 향수해가 있으니 이름이 묘보장엄당이고, 세계종은 이름이 세계해명료음이다.

다음 향수해가 있으니 이름이 일궁청정영이고, 세계종은 이름이 변입인다라망이다.

다음 향수해가 있으니 이름이 일체고악미묘음이고, 세계종은 이름이 원만평정이다.

다음 향수해가 있으니 이름이 종종묘장엄이고, 세계종은 이름이 정밀광염운이다.

다음 향수해가 있으니 이름이 주변보염등이고, 세계종은 이름이 수불본원종종형이다.

이와 같이 말할 수 없는 부처님 세계 미진수의 향수해가 있는데, 그 윤위산에 가장 가까운 향수해는 이름이 적집영락의이고, 세계종은 이름이 화현묘의이며, 삼세의 일체 부처님 음성으로 체성이 되었다.

이 가운데 가장 아래쪽에 향수해가 있으니 이름이 인다라화장이고,

세계는 이름이 발생환희이다. 부처님 세계 미진수의 세계가 둘러싸서 순일하게 청정하며, 부처님 명호는 견오지이시다.

이 위에 열 부처님 세계 미진수의 세계를 지나서 금강당세계와 가지런히 세계가 있으니 이름이 보망장엄이다. 열 부처님 세계 미진수의 세계가 둘러싸서 순일하게 청정하며, 부처님 명호는 무량환희광이시다.

이 위에 세 부처님 세계 미진수의 세계를 지나서 사바세계와 가지런히 세계가 있으니 이름이 보련화사자좌이다. 열세 부처님 세계 미진수의 세계가 둘러쌌으며, 부처님 명호는 최청정불공문이시다.

　이 위에 일곱 부처님 세계 미진수의 세계를 지나서 이 세계종의 가장 위쪽에 이르러 세계가 있으니 이름이 보색용광명이다. 스무 부처님 세계 미진수의 세계가 둘러싸서 순일하게 청정하며, 부처님 명호는 변법계보조명이시다.

모든 불자들이여, 이와 같이 열 말할 수 없는 부처님 세계 미진수의 향수해 가운데 열 말할 수 없는 부처님 세계 미진수의 세계종이 있는데, 모두 일체 보살 형상을 나타내는 마니왕 깃대로 장엄한 연꽃을 의지하여 머물러서 각각 장엄한 경계가 끊어짐이 없었다.

각각 보배 빛 광명을 놓으며, 각각 광명 구름이 그 위를 덮었다. 각각 장엄을 갖추었으며, 각각 겁이 차별하며, 각각 부처님께서 출현하시며,

각각 법바다를 연설하며, 각각 중생들이 두루 가득하며, 각각 시방에 널리 나아가 들어가며, 각각 일체 부처님의 신력으로 가지한 바이다.

이 낱낱 세계종 가운데 일체 세계가 갖가지 장엄을 의지하여 머무르되 번갈아 서로 이어져서 세계 그물을 이루었으며, 화장장엄세계해에 갖가지 차별로 두루두루 건립되었다."

그때에 보현보살이 그 뜻을 거듭 펴려고 부처님의 위신력을 받들어 게송을 설하여 말씀하였다.

화장세계바다여
법계와 같아 차별이 없고
장엄은 지극히 청정하여
허공에 안주하였도다.

이 세계바다 가운데
세계종이 사의하기 어려우나
낱낱이 다 자재하여

각각 잡되고 어지러움이 없도다.

화장세계바다에
세계종이 잘 펼쳐져있어
다른 형상 다른 장엄이라
갖가지가 서로 같지 않도다.

모든 부처님의 변화한 음성으로
갖가지가 그 체성이 되었는데
그 업력을 따라서 보니
세계종이 미묘하게 장식되었도다.

수미산성의 그물과
물이 소용돌이치는 둥근 모양과
넓고 큰 연꽃이 피어
서로서로 둘러쌌도다.

산 깃대와 누각의 형상과
돌고 도는 금강의 형상이여
이와 같이 부사의한
광대한 모든 세계종이로다.

큰 바다의 진주 불꽃이여
광명 그물이 부사의함이라

이와 같은 모든 세계종이
모두 연꽃에 머물러있도다.

낱낱 모든 세계종에
광명 그물 말할 수 없으니
광명 속에서 온갖 세계를 나타내어
널리 시방 바다에 두루하도다.

일체 모든 세계종의
있는 바 장엄구에
국토가 모두 그 속에 들어가서
다함없이 널리 보도다.

세계종이 부사의함이여
세계가 끝이 없으니
갖가지 미묘한 장엄이
모두 큰 신선의 힘 때문이로다.

일체 세계종 가운데
세계가 부사의함이라
혹은 이루어지고 혹은 무너지며
혹은 이미 무너지고 없도다.

마치 숲속의 나뭇잎이
피어남도 있고 떨어짐도 있듯이

이와 같이 세계종 가운데
세계가 이루어지고 무너짐이 있도다.

마치 나무숲을 의지하여
갖가지 열매가 다르듯이
이와 같이 세계종을 의지하여
갖가지 중생들이 머무르도다.

마치 종자가 다르므로
생겨나는 열매도 각각 다르듯이
업력이 차별하므로
중생들의 세계도 같지 않도다.

마치 심왕보배가
마음 따라 온갖 색을 보듯이
중생들의 마음이 깨끗하므로
청정한 세계를 볼 수 있도다.

마치 큰 용왕이
구름을 일으켜 허공에 두루하듯이
이와 같이 부처님 원력으로
모든 국토를 출생하도다.

마치 요술쟁이가 주술로
갖가지 일을 능히 나타내듯이

중생들의 업력 때문에
국토도 부사의하도다.

마치 온갖 그림들이
화가가 그린 것과 같아서
이와 같이 일체 세계가
마음의 화가가 그려낸 것이로다.

중생들의 몸이 각각 다름은
마음의 분별을 따라 일어남이니
이와 같이 세계가 갖가지인 것도
모두 다 업 때문이로다.

마치 도사가
갖가지 색이 차별함을 보듯이
중생의 심행을 따라서
모든 세계를 봄도 그러하도다.

일체 모든 세계의 가장자리에
연꽃 그물을 두루 펼쳤으니
갖가지 모양이 같지 않으나
장엄은 모두 청정하도다.

저 모든 연꽃 그물에
세계 그물이 안주하는 바라

갖가지 장엄한 일에
갖가지 중생들이 살도다.

혹 어떤 세계는
험악하여 평탄하지 않으니
중생들의 번뇌 때문에
그곳을 이와 같이 보도다.

잡되고 물들며 또 청정한
한량없는 모든 세계종들이
중생들의 마음을 따라 일어나며
보살들의 힘으로 유지한 바로다.

혹 어떤 세계는
잡되고 물들며 또 청정하니
이것은 업력 때문에 일어나며
보살들이 교화한 바로다.

어떤 세계는 광명을 놓으며
때를 여읜 보배로 이루어졌고
갖가지로 묘하게 장식했으니
모든 부처님께서 청정하게 하셨도다.

낱낱 세계종 가운데
겁화가 타서 부사의함이라

나타난 것은 비록 깨어지고 더러우나
그곳은 항상 견고하도다.

중생들의 업력을 따라
많은 세계를 출생하니
풍륜과 수륜을
의지하여 머무르도다.

세계의 법이 이와 같아서
갖가지로 같지 않음을 보나
실은 생겨남도 없으며
또한 다시 멸하여 무너짐도 없도다.

낱낱 생각 가운데
한량없는 세계를 출생하되
부처님의 위신력으로
깨끗하여 때가 없음을 다 보도다.

어떤 세계는 진흙으로 이루어져
그 체성이 매우 굳으며
캄캄하여 빛이 없으니
악업을 지은 이가 사는 곳이로다.

어떤 세계는 금강으로 이루어졌으나
잡되고 물들어 크게 근심하고 두려움이라

고통은 많고 즐거움은 적으니
박복한 이가 사는 곳이로다.

혹 어떤 곳은 철로 이루어졌고
혹은 붉은 구리로 되었으며
돌산이 험하여 가히 두려우니
죄악을 지은 이가 가득하도다.

세계 중에 지옥이 있으니
중생들의 고통을 구제할 수 없으며
항상 캄캄한 속에 있어서
불꽃 바다가 태우는 곳이로다.

혹은 또 축생이 있으니
갖가지 누추한 형상이라
그 스스로의 악업 때문에
항상 모든 고뇌를 받도다.

혹은 염라세계를 보니
기갈에 핍박 받으며
큰 화산에 올라가서
모든 극중한 고통을 받도다.

혹 어떤 많은 세계는
칠보로 합성되었는데

갖가지 모든 궁전들이
청정한 업으로 되었도다.

그대들은 세간을 보라
그 가운데 사람과 하늘이
청정한 업의 결과를 성취하여
때를 따라 쾌락을 받도다.

낱낱 모공 가운데
억 세계가 부사의하여
갖가지 모양으로 장엄하되
일찍이 비좁거나 궁색한 적이 없도다.

중생들 각각의 업으로
세계가 한량없는 종류라
그 가운데서 집착을 내어
고락을 받음이 같지 않도다.

어떤 세계는 온갖 보배로 이루어져
항상 가없는 광명을 놓고
금강의 미묘한 연꽃으로
깨끗이 장엄하여 때가 없도다.

어떤 세계는 광명으로 체성이 되어
광명 바퀴를 의지하여 머무르며

금색 전단향과
불꽃구름이 널리 밝게 비치도다.

어떤 세계는 달로 이루어져
향기옷이 다 두루 펼쳐져있고
한 연꽃 안에
보살들이 다 충만하도다.

어떤 세계는 온갖 보배로 이루어져
색상이 모든 때가 없으며
마치 제석천의 그물같이
광명이 항상 비치도다.

어떤 세계는 향기로 체성이 되고
혹은 금강꽃과
마니광명 그림자 형상이라
관찰하기에 매우 청정하도다.

혹 어떤 생각하기 어려운 세계는
꽃둘레로 이루어졌으며
화신 부처님이 모두 충만하시고
보살들이 널리 광명 놓도다.

혹 어떤 청정한 세계는
모두가 온갖 꽃과 나무들이라

미묘한 가지들이 도량에 펼쳐지고
마니구름으로 덮어 가렸도다.

어떤 세계는 청정한 광명이 비치어
금강꽃으로 이루어졌으며
어떤 곳은 부처님의 변화한 음성으로
가없이 펼쳐져 그물을 이루었도다.

어떤 세계는 보살의
마니로 된 묘한 보배 관과 같으며
혹 어떤 세계는 좌대 형상과 같으니
변화한 광명으로부터 나왔도다.

혹은 전단 가루와
혹은 미간의 광명과
혹은 부처님 광명 가운데 음성으로
이 묘한 세계를 이루었도다.

혹은 청정한 세계가
한줄기 광명으로 장엄함을 보며
혹은 많은 장엄을 보니
갖가지가 다 기묘하도다.

혹은 열 국토의
미묘한 물건들로 장식하였고

혹은 천 국토 중의
일체로 장식하였도다.

혹은 일억 세계 물건들로
한 국토를 장엄하니
갖가지 모양이 같지 않아서
모두 영상처럼 나타났도다.

말할 수 없는 국토의 물건들로
한 세계를 장엄하여
각각 광명을 놓으니
여래의 원력으로 일어났도다.

혹 어떤 많은 국토들은
원력으로 청정하게 닦은 바라
일체 장엄 가운데서
온갖 세계바다를 널리 보도다.

보현의 원을 모두 닦아서
얻은 바 청정한 국토는
삼세의 세계 장엄들
일체가 그 가운데 나타나도다.

불자들이여, 그대들은 마땅히
세계종의 위신력을 관해 보라

미래의 모든 국토를
꿈과 같이 다 보게 하도다.

시방의 모든 세계에
과거 국토바다가
모두 한 세계 가운데
형상을 나타냄이 화현한 듯하도다.

삼세의 일체 부처님과
그리고 그 국토들을
한 세계종 가운데서
일체를 다 관해보도다.

일체 부처님의 위신력으로
티끌 속에 중생들을 나타내시되
갖가지를 다 밝게 보이시니
그림자 같아 진실함이 없도다.

혹 어떤 많은 세계는
그 형상이 큰 바다 같으며
혹은 수미산과 같으니
세계가 부사의하도다.

어떤 세계는 잘 안주하여
그 형상이 제석천 그물과 같으며

혹은 나무숲의 형상과 같으니
모든 부처님께서 그 가운데 충만하시도다.

혹은 보배 바퀴 형상을 짓고
혹은 연꽃 형상이 있으며
여덟 모에 온갖 장식을 갖추었으니
갖가지가 다 청정하도다.

혹 어떤 것은 좌대 형상과 같고
혹은 또 세모도 있으며
혹은 대바구니와
성곽과 범왕의 몸과 같도다.

혹은 하늘 주인의 상투와 같고
혹은 반달과 같으며
혹은 마니산과 같고
혹은 태양의 형상과 같도다.

혹 어떤 세계의 형상은
마치 향수해의 소용돌이 같으며
혹은 광명바퀴를 지으니
부처님께서 옛적에 깨끗이 장엄하신 바로다.

혹은 수레바퀴 테의 형상도 있고
혹은 제단의 형상도 있으며

혹은 부처님의 백호상과
육계와 넓고 긴 눈과도 같도다.

혹은 부처님 손과 같고
혹은 금강저와 같으며
혹은 불꽃 산의 형상과 같으니
보살들이 다 두루하도다.

혹은 사자의 형상과 같고
혹은 바다의 조개 형상과 같으니
한량없는 모든 색과 형상들이여
체성이 각각 차별하도다.

한 세계종 가운데
세계의 형상이 다함없으니
모두 부처님의 원력으로
보호하고 염려하셔서 안주함을 얻도다.

어떤 세계는 한 겁 동안 머무르고
혹은 열 겁 동안 머무르며
내지 백천과
국토 미진수를 지나도다.

혹은 한 겁 중에
세계가 이루어지고 무너짐이 있음을 보며

혹은 한량없고 수없으며
내지 부사의하도다.

혹 어떤 세계는 부처님이 계시고
혹 어떤 세계는 부처님이 안 계시며
혹은 오직 한 부처님만 계시고
혹은 한량없는 부처님이 계시도다.

국토에 만약 부처님이 안 계시면
타방 세계 가운데서
부처님께서 변화하여 오셔서
모든 불사를 나타내시도다.

도솔천에서 나오고 신령을 내리시며
태에 들어가고 또 출생하시며
마군을 항복받고 정각을 이루셔서
위없는 법륜을 굴리시도다.

중생들 마음에 즐겨함을 따라서
갖가지 모양을 나타내 보이시고
위하여 미묘한 법륜을 굴리셔서
그 근성과 욕망에 다 맞추시도다.

낱낱 부처님 세계 가운데
한 부처님께서 세상에 출현하셔서

억천 세를 지나도록
위없는 법을 연설하시도다.

중생이 법그릇이 아니면
능히 모든 부처님을 보지 못하나
만약 마음에 즐겨함이 있는 이는
일체 처소에서 다 보리라.

낱낱 세계 가운데
각각 부처님께서 세상에 출현하시니
일체 세계 가운데 부처님이
억수로 부사의하도다.

이 가운데 낱낱 부처님께서
한량없는 신통 변화를 나타내셔서
법계에 다 두루하시어
중생바다를 조복하시도다.

어떤 세계는 광명이 없어서
어둡고 캄캄하여 매우 두려우며
고통이 칼로 베는 듯하여
보는 이가 절로 비통하도다.

혹은 모든 하늘의 광명이 있고
혹은 궁전의 광명이 있으며

혹은 해와 달의 광명이라
세계 그물을 생각하기 어렵도다.

어떤 세계는 스스로 광명이 있고
혹은 나무가 깨끗한 광명을 놓아서
일찍이 고뇌가 있지 않으니
중생들의 복력 때문이로다.

혹은 산의 광명이 있고
혹은 마니의 광명이 있으며
혹은 등 광명이 비치니
모두 중생들의 업력이로다.

혹은 부처님 광명이 있어서
보살들이 그 가운데 가득하며
혹은 이 연꽃 광명으로서
불꽃색이 매우 아름답도다.

어떤 세계는 꽃 광명이 비치고
어떤 세계는 향수가 비치며
바르는 향과 사르는 향이 비치니
다 청정한 원력을 말미암음이로다.

어떤 곳은 구름 광명이 비치고
마니 조개 광명이 비치며

부처님의 위신력 광명이 비쳐서
능히 즐거운 소리를 내도다.

혹은 보배 광명이 비치고
혹은 금강 불꽃이 비쳐서
청정한 음성이 능히 멀리까지 진동하니
이르는 곳마다 온갖 고통을 없애도다.

혹은 마니의 광명이고
혹은 장엄구의 광명이며
혹은 도량의 광명이
회중 가운데 밝게 비추도다.

부처님께서 큰 광명을 놓으시니
화신 부처님이 그 가운데 충만하시며
그 광명이 널리 비쳐서
법계에 다 두루하도다.

어떤 세계는 매우 무서워서
큰 고통 소리를 부르짖으니
그 소리가 극히 처참하여
듣는 이가 싫어하고 두려워하도다.

지옥과 축생도와
그리고 염라 처소는

혼탁하고 악한 세계라
항상 근심하고 고통받는 소리가 나도다.

혹 어떤 국토 중에는
즐거운 소리를 항상 내어서
기꺼이 그 가르침을 따르니
이것은 청정한 업을 말미암은 것이로다.

혹 어떤 국토 중에는
항상 제석의 소리를 들으며
혹 범천의 소리와
일체 세주들의 소리를 듣도다.

혹 어떤 여러 세계는
구름 속에서 미묘한 소리를 내고
보배바다와 마니나무와
그리고 음악 소리가 두루 가득하도다.

모든 부처님의 둥근 광명 속에
교화하는 소리가 다함없으며
그리고 보살의 미묘한 음성이
시방세계에 두루 들리도다.

불가사의한 국토에
널리 법륜을 굴리는 소리와

서원바다에서 나는 소리와
수행하는 미묘한 음성이로다.

삼세의 일체 부처님께서
모든 세계에 출생하시니
명호가 다 구족하시고
음성이 다함없으시도다.

혹 어떤 세계 중에서는
일체 부처님 위신력의 음성을 들으니
지위와 바라밀과 그리고 무량이라
이러한 법을 다 연설하도다.

보현보살 서원의 힘으로
억 세계에서 묘음을 연설하니
그 소리가 우레와 같아서
머무는 겁도 또한 다함없도다.

부처님께서 청정한 국토에서
자재한 음성을 나타내 보이시니
시방 법계 가운데
일체가 듣지 못함이 없도다.

〈대방광불화엄경 제10권〉

회향송

아차보현수승행
무변승복개회향
보원침익제중생
속왕무량광불찰

시방삼세일체불
제존보살마하살
마하반야바라밀

廻向頌

我此普賢殊勝行
無邊勝福皆迴向
普願沈溺諸眾生
速往無量光佛剎

十方三世一切佛
諸尊菩薩摩訶薩
摩訶般若波羅蜜

大方廣佛華嚴經 — 부록

- 대방광불화엄경 목차
- 간행사

대방광불화엄경
목차

〈제1회〉

제1권 제1품 세주묘엄품 [1]

제2권 제1품 세주묘엄품 [2]

제3권 제1품 세주묘엄품 [3]

제4권 제1품 세주묘엄품 [4]

제5권 제1품 세주묘엄품 [5]

제6권 제2품 여래현상품

제7권 제3품 보현삼매품
　　　　 제4품 세계성취품

제8권 제5품 화장세계품 [1]

제9권 제5품 화장세계품 [2]

제10권 **제5품** **화장세계품 [3]**

제11권 제6품 비로자나품

〈제2회〉

제12권 제7품 여래명호품
　　　　　제8품 사성제품

제13권 제9품 광명각품
　　　　　제10품 보살문명품

제14권 제11품 정행품
　　　　　제12품 현수품 [1]

제15권 제12품 현수품 [2]

〈제3회〉

제16권 제13품 승수미산정품
　　　　　제14품 수미정상게찬품
　　　　　제15품 십주품

제17권 제16품 범행품
　　　　　제17품 초발심공덕품

제18권 제18품 명법품

〈제4회〉

제19권　제19품　승야마천궁품
　　　　제20품　야마궁중게찬품
　　　　제21품　십행품 [1]

제20권　제21품　십행품 [2]

제21권　제22품　십무진장품

〈제5회〉

제22권　제23품　승도솔천궁품

제23권　제24품　도솔궁중게찬품
　　　　제25품　십회향품 [1]

제24권　제25품　십회향품 [2]

제25권　제25품　십회향품 [3]

제26권　제25품　십회향품 [4]

제27권　제25품　십회향품 [5]

제28권　제25품　십회향품 [6]

제29권　제25품　십회향품 [7]

제30권　제25품　십회향품 [8]

제31권　제25품　십회향품 [9]

제32권　제25품　십회향품 [10]

제33권　제25품　십회향품 [11]

〈제6회〉

제34권　제26품　십지품 [1]

제35권　제26품　십지품 [2]

제36권　제26품　십지품 [3]

제37권　제26품　십지품 [4]

제38권　제26품　십지품 [5]

제39권　제26품　십지품 [6]

〈제7회〉

제40권　제27품　십정품 [1]

제41권　제27품　십정품 [2]

제42권　제27품　십정품 [3]

제43권　제27품　십정품 [4]

제44권　제28품　십통품
　　　　제29품　십인품

제45권　제30품　아승지품
　　　　제31품　수량품
　　　　제32품　제보살주처품

제46권　제33품　불부사의법품 [1]

제47권　제33품　불부사의법품 [2]

제48권	제34품	여래십신상해품
	제35품	여래수호광명공덕품
제49권	제36품	보현행품
제50권	제37품	여래출현품 [1]
제51권	제37품	여래출현품 [2]
제52권	제37품	여래출현품 [3]

〈제8회〉

제53권	제38품	이세간품 [1]
제54권	제38품	이세간품 [2]
제55권	제38품	이세간품 [3]
제56권	제38품	이세간품 [4]
제57권	제38품	이세간품 [5]
제58권	제38품	이세간품 [6]
제59권	제38품	이세간품 [7]

〈제9회〉

제60권	제39품	입법계품 [1]
제61권	제39품	입법계품 [2]
제62권	제39품	입법계품 [3]
제63권	제39품	입법계품 [4]
제64권	제39품	입법계품 [5]
제65권	제39품	입법계품 [6]
제66권	제39품	입법계품 [7]
제67권	제39품	입법계품 [8]
제68권	제39품	입법계품 [9]
제69권	제39품	입법계품 [10]
제70권	제39품	입법계품 [11]
제71권	제39품	입법계품 [12]
제72권	제39품	입법계품 [13]
제73권	제39품	입법계품 [14]
제74권	제39품	입법계품 [15]
제75권	제39품	입법계품 [16]
제76권	제39품	입법계품 [17]
제77권	제39품	입법계품 [18]
제78권	제39품	입법계품 [19]
제79권	제39품	입법계품 [20]
제80권	제39품	입법계품 [21]

간 행 사

　귀의삼보 하옵고,

『대방광불화엄경』의 수지 독송과 유통을 발원하면서 수미정사 불전연구원에서 『독송본 한문·한글역 대방광불화엄경』과 『사경본 한글역 대방광불화엄경』을 편찬하여 간행하게 되었습니다.

『화엄경』은 우리나라에 전래된 이래 일찍부터 사경되고 주석·강설되어 왔으며 근현대에 이르러서는 『화엄경』의 한글 번역과 연구도 부쩍 많이 이루어졌습니다. 그만큼 『화엄경』이 우리 불자님들의 신행과 해탈에 큰 의지처가 되었던 것임을 알 수 있습니다.

『화엄경』을 독송하고 사경하는 공덕은 설법 공덕과 함께 크게 강조되어 왔습니다. 그리하여 수미정사 불전연구원에서도 『화엄경』(80권)을 독송하고 사경하는 데 도움이 되도록 한문 원문과 한글역을 함께 수록한 독송본과 한글역의 사경본 『화엄경』 간행불사를 발원하였습니다. 이 『화엄경』 간행불사에 뜻을 같이하여 적극 후원해주신 스님들과 재가 불자님들께 깊이 감사드립니다. 또한 『화엄경』을 수지 독송할 수 있도록 경책의 모습으로 장엄해 주신 편집위원들과 담앤북스 출판사 관계자들께도 고마움을 표합니다.

　끝으로 이 불사의 원만 회향으로 『화엄경』이 널리 유통되고, 온 법계에 부처님의 가피가 충만하시길 기원드립니다.

　나무 대방광불화엄경

불기 2564년 '부처님오신날'을 봉축하며
수미해주 합장

위태천신(동진보살)

수미해주 須彌海住

동국대학교 명예교수
중앙승가대학교 법인이사
대한불교조계종 수미정사 주지

사경본 한글역
대방광불화엄경 제10권

| 초판 1쇄 발행_ 2021년 2월 10일

| 엮은이_ 수미해주
| 엮은곳_ 수미정사 불전연구원
| 편집위원_ 해주 수정 경진 선초 정천 석도 박보람 최원섭
| 편집보_ 무이 무진 김지예

| 펴낸이_ 오세룡
| 펴낸곳_ 담앤북스
　　　　서울특별시 종로구 새문안로3길 23 경희궁의 아침 4단지 805호
　　　　대표전화 02)765-1251 전자우편 damnbooks@hanmail.net
　　　　출판등록 제300-2011-115호
| ISBN_ 979-11-6201-273-4 04220

이 책은 저작권 법에 따라 보호받는 저작물이므로 무단전재와 복제를 금합니다.
이 책 내용의 전부 또는 일부를 이용하려면 반드시 저작권자와 담앤북스의 서면 동의를 받아야 합니다.

정가 10,000원
ⓒ 수미해주 2021